Ser exitoso en los negocios y en la vida
no requiere de grandes esfuerzos,
sino de aprender a pensar estratégicamente.

POR QUÉ PENSAR DA MÁS VENTAJA

En el camino hacia el éxito, a menudo nos preguntamos qué factores realmente marcan la diferencia en nuestras vidas profesionales y personales. Muchos podrían señalar la importancia de las oportunidades, la educación o incluso la suerte. Sin embargo, J. C. Maxwell, nos ofrece una perspectiva profunda y reveladora: la verdadera ventaja radica en nuestra capacidad de pensar.

El pensamiento es un proceso que va más allá de la simple reflexión; es una herramienta poderosa que puede transformar nuestro destino. Lo que pensamos determina quiénes somos y, a su vez, nuestras acciones se derivan de esa identidad. De esta manera, nuestros pensamientos impactan directamente nuestra capacidad para enfrentar desafíos, tomar decisiones y, en última instancia, moldear nuestro legado. La buena noticia es que esta forma de pensar no es innata; es algo que podemos desarrollar y perfeccionar.

Maxwell nos invita a adoptar un enfoque proactivo hacia el pensamiento. Al hacerlo, podemos cultivar una ventaja que nos distinga en un mundo repleto de ruido y distracciones. Como bien dijo Henry Ford: « Pensar es el trabajo más difícil que existe; es probable que ese sea el motivo por el que son tan pocos los que se involucran en ello ». Este cuaderno de liderazgo está diseñado para ser una guía en este viaje de reflexión y acción.

¡Comencemos juntos este emocionante camino hacia el liderazgo consciente!

Los buenos pensamientos son el fundamento para los buenos resultados. La calidad de tus pensamientos definirá la calidad de tus resultados. Una razón por la que no logramos cumplir nuestros sueños es porque queremos cambiar los resultados sin cambiar nuestra forma de pensar. Si este eres tú, debes cambiar tu manera de pensar.

/ /

«Los buenos pensamientos y las buenas acciones nunca pueden dar malos resultados; así como los malos pensamientos y las malas acciones nunca pueden dar resultados buenos. Esto quiere decir que del maíz no obtendrás otra cosa que maíz y de las ortigas, solo ortigas. Los hombres [y las mujeres] entienden esta ley en el mundo natural y la aplican; pero pocos la entienden en el ámbito mental y moral (aunque funciona de un modo igual de simple y directo), por lo tanto, no se alinean con ella».

—James Allen

Los buenos pensamientos aumentan tu potencial. Muchos opinan que el mayor impedimento para su éxito del mañana son sus pensamientos de hoy. Si limitas tu forma de pensar, también limitas tu potencial. Sin embargo, si creces en tus pensamientos, con el tiempo superarás cualquier tarea que realices o cualquier desafío al que te enfrentes.

«Serás tan pequeño como el deseo que te limita y tan grande como la ambición que te domina».

—James Allen

Los buenos pensamientos se multiplican cuando se convierten en un hábito. El éxito lo alcanzan aquellos que tienen el hábito de hacer cosas que las personas sin éxito no están dispuestas a hacer. Los logros se consiguen gracias al hábito de los buenos pensamientos. Es como crear un ejército infinito de ideas capaz de lograr casi cualquier cosa

/ /

«Alimenta los grandes pensamientos, porque nunca llegarás más alto que ellos».

—Benjamin Disraeli

Aprende de los mejores pensadores que encuentres. No importa dónde estés, cuántos recursos tengas ni a quién conozcas. Puedes comenzar a aprender de los buenos pensadores ahora mismo.

/ /

«Se puede resistir una invasión de ejércitos, pero no una invasión de ideas».

—Victor Hugo

Comienza a leer libros y a escuchar pódcast de grandes pensadores. Busca pasar tiempo con gente que te desafíe. Si quieres pensar de forma inteligente, rodéate de gente inteligente.

Nunca dejes de hacerlo. Como pensador nunca «llegas» a destino. Siempre hay nuevos problemas que resolver, montañas que escalar y panoramas que entender.

/ /

«Cuando se trata del éxito, no se mide a las personas en pulgadas, libras, títulos universitarios o antecedentes familiares; se las mide según el tamaño de sus pensamientos».

—David J. Schwartz

Para romper tus propios esquemas, debes pensar más allá de tu propia experiencia. Intenta ver como los demás, descubre lo que piensan y escúchalos. Si piensas más allá de tus asuntos personales, expandirás tu mundo.

/ /

«Muchas veces, no vemos un objeto, aunque caiga dentro de nuestro alcance visual, porque no está dentro de nuestro alcance intelectual».

—Henry David Thoreau

Las personas que tienen una mirada más amplia, más profunda y con mayor alcance logran más objetivos que las que tienen una mente estrecha. Experimentan menos sorpresas indeseadas. Toman en cuenta a las personas, los problemas, las relaciones, la historia, los momentos, la química, los valores, las finanzas, la creatividad y el impulso. No solo ven más, sino que lo hacen antes que los demás

/ /

«Un hombre pequeño está hecho de pensamientos pequeños».

—Victor Hugo

Aprende de cada experiencia. La capacidad de aprender es la clave para ver con mayor amplitud, profundidad y alcance. **Cuantas más experiencias variadas tengas en la vida, tu capacidad para aprender aumentará.** Intenta hacer muchas cosas. Aprovecha todas las oportunidades que puedas. Explora. Después de cada experiencia, tómate un momento para reflexionar. **La experiencia sola no es la mejor maestra; solo la experiencia que se *evalúa*.**

/ /

«Olvida lo que te lastimó en el pasado, pero nunca olvides lo que eso te enseñó».

—Shannon L. Alder

Reune conocimientos de diversas personas. Pide opinión a quienes sabes que no están de acuerdo contigo. Expande tu mundo. Para tener la ventaja de los pensadores, debes permitirte tomar un camino diferente, hacer algo nuevo y encontrar nuevos mundos que conquistar. **En el mundo hay mucho más de lo que has experimentado. Sal y búscalo.**

«Lo que más limita el éxito es el pensamiento estrecho; lo que más aumenta las posibilidades es la imaginación sin límites».

—William Arthur Ward

Define qué es el éxito para ti y para los demás. En la mayoría de los negocios, los líderes definen las victorias por su final. Ganancia es sinónimo de éxito. El éxito va más allá. **¿Acaso no quieres más en la vida que el éxito financiero?** Cada actividad tiene su propia definición de éxito, que se basa tanto en los valores y las relaciones como en los resultados.

/ /

Tú tienes el poder de definir qué es el éxito para ti. Si lideras un equipo, tienes la responsabilidad de hacerlo.

Cuando defines el éxito antes de comenzar, puedes medir los resultados de forma más fácil y rápida. Define el éxito con lo que más importa: lo que intentas lograr, tu equipo de trabajo, tu familia, tus amigos, tu comunidad, como ser humano.

/ /

Cuando sabes qué cosas conforman el éxito, aumentas en gran manera tus posibilidades de alcanzarlo.

Es importante que lo definas de la forma más específica posible. Si tu objetivo es algo impreciso como «triunfar», pasarás por momentos difíciles y dolorosos cuando intentes alcanzarlo. ¿Cuál es la verdadera esencia de cada meta?

/ /

«Intentemos no olvidar nunca que la medicina es para la gente, no para ganancias. Las ganancias son una consecuencia, pero si hemos recordado lo anterior, nunca van a dejar de aparecer».

—George W. Merck

Enfócate en el éxito. No permitas que el caos mental te nuble la visión. No te distraigas con tareas inmediatas que no colaboran con el fin mayor. Si una cosa pequeña ya no le aporta nada al objetivo principal, deja de hacerlo.

No dejes que las palabras difíciles e idealistas de la misión de una empresa te impidan ver el objetivo mayor.

/ /

«Reírse mucho y con frecuencia; ganar el respeto de las personas inteligentes y el afecto de los niños; ganar la valoración de los críticos honestos [...] apreciar la belleza; encontrar lo mejor en las personas [...] saber que al menos una vida ha podido respirar con más facilidad porque existes. Eso es haber triunfado en la vida».

—Ralph Waldo Emerson

Ayuda a tu equipo a triunfar. Lo que todos necesitan no solo es conocer el objetivo mayor, sino también sus papeles individuales para lograrlo. **Define el éxito de cada persona en función del objetivo mayor.**

/ /

¡*Guía a tu equipo a la victoria!* «*Nunca he tenido una temporada desfavorable en nada. En todas las temporadas de básquetbol en las que he participado, terminé con un récord de victorias*».

—Pat Summit

Pensar diferente a los demás puede ser muy difícil, sin importar que seas una persona de negocios que rechaza las tradiciones de una empresa, una madre primeriza que va en contra de las historias de las abuelas o un adolescente que ignora las tendencias populares del momento. Ir en contra del pensamiento popular es atraer una atención negativa indeseada hacia uno mismo, en especial en la era de las redes sociales.

Siempre es más fácil hacer lo que hacen todos y desear que alguien haya pensado las cosas antes que tú. Sin embargo, si piensas así, puede que te estanques allí para siempre.

/ /

«La dificultad no radica tanto en desarrollar nuevas ideas, sino en escapar de las viejas».

—John Maynard Keynes

Si quieres resultados poco comunes, debes cuestionar el pensamiento común. **Debes ir contra la corriente.** Acepta la idea que no es popular. **Si quieres tener éxito, necesitas pensar en lo mejor, no en lo popular.** El pensamiento que no es popular, aun cuando resulta un éxito, es sumamente infravalorado, no es reconocido y es incomprendido. Este pensamiento tiene semillas de visión y oportunidad. **El pensamiento que no es popular es necesario para cualquier tipo de progreso.**

/ /

«Debemos descartar la idea de que las rutinas pasadas o las formas de hacer las cosas antes, son probablemente las mejores. Por el contrario, debemos suponer que es probable que haya una forma mejor de hacer casi todas las cosas. Debemos dejar de suponer que si algo no se ha hecho nunca antes es porque no puede hacerse en absoluto».

—Donald M. Nelson

Valora a los pensadores innovadores. Una de las mejores formas de aprender a pensar diferente es observar, apreciar y aprender de personas que piensan diferente. Conoce personas de diferentes razas, culturas, generaciones, profesiones, trasfondos, tradiciones e intereses. Muévete por fuera de tus círculos habituales.

Tu pensamiento será similar al de aquellos con quienes más compartas tu tiempo. Si pasas tiempo con gente que piensa diferente, comenzarás a pensar diferente y abrirás nuevos caminos.

El mayor enemigo del éxito de mañana es el éxito de hoy. Cambia tus patrones. Toma un camino diferente para ir a trabajar. **Acostúmbrate a la incomodidad. Seguir a la multitud,** rodearte de personas que coinciden contigo **es cómodo. Pensar diferente a los demás es incómodo. Acostúmbrate.**

Ten una actitud contraria. Desafía el statu quo. Desafía a la naturaleza. Camina cuesta arriba en un mundo que va cuesta abajo. Sé diferente. Esa es la única forma de alcanzar algo.

Si crees que puedes hacer algo, ya has ganado gran parte de la batalla. Si crees que no puedes, entonces no importa lo difícil que sea la batalla, porque ya las has perdido. Cuando crees que puedes hacer algo difícil y lo logras, se te abren muchas puertas. Si te dispones a creer en las posibilidades, también te abres a otras posibilidades aún mayores. **Una puerta abierta conduce a otra.**

/ /

«Los grandes pensadores son especialistas en crear imágenes positivas, vanguardistas y optimistas en sus propias mentes y en las de los demás».

—David. J. Schwartz

Si quieres lograr cosas grandes, necesitas buenas personas en tu equipo que crean que puedes lograr lo que quieres hacer. ¿Qué probabilidades tienes de atraerlos si no crees en ti ni en tu futuro? Quienes piensan en grande y creen en las posibilidades atraen a grandes personas hacia ellos. **Creer en las posibilidades es contagioso.**

/ /

«He aprendido a utilizar la palabra imposible con mucha precaución».

—Wernher von Braun

La cantidad de fe que tengas en las posibilidades está relacionada directamente con tu nivel de energía para ir tras ellas. ¿Quién se motiva cuando pierde? Si tienes la certeza de que algo no puede tener éxito, ¿cuánto tiempo y energía estás dispuesto a brindarle? Nadie se dedica con alegría a una causa perdida. **Uno invierte su energía en algo que cree que puede prosperar.** Cuando adoptas el pensamiento de las posibilidades, crees en lo que haces y eso te da energía.

/ /

«La verdadera diferencia entre los hombres es la energía. Una voluntad firme, un propósito decidido y una determinación invencible pueden lograr casi todo; en esto radica la diferencia entre los grandes hombres y los pequeños».

—Thomas Fuller

Deja de enfocarte en las imposibilidades. Para creer en posibilidades más grandes, cambia de enfoque. Deja de afligirte por lo que está mal y lo que no es posible. Cuando comiences a enumerar en tu cabeza todos los motivos por los que no puedes hacer algo, detente. Más tarde habrá tiempo para afrontar las realidades difíciles, pero si *comienzas* por allí, tus esfuerzos también *terminarán* allí. En lugar de pensar en la parte mala de una idea, pregúntate: ¿qué tiene de bueno? Si no se te ocurre nada positivo, pídele ayuda a un amigo o a un familiar.

/ /

«La palabra imposible no está en mi diccionario».

—Napoleón Bonaparte

Busca posibilidades positivas en todas las situaciones negativas. Creer en las posibilidades no solo es dejar de ser negativo. Debes ser intencional y buscar posibilidades positivas a pesar de las circunstancias. Cualquier situación tiene el potencial de ser mejor de lo que es en el presente.

No se necesita el coeficiente intelectual de un genio ni muchos años de experiencia para encontrar posibilidades en cada situación. **Lo único que se necesita es tener la actitud correcta y, eso, cualquiera puede cultivarlo.**

/ /

«Yo le digo a la gente: Si no les interesa el pensamiento positivo, está bien. Solo eliminen todos los pensamientos negativos de sus mentes y lo que quede estará bien».

—Bob Rotella

Si te resulta difícil ver las posibilidades positivas, inspírate en otras personas a las que no les suceda esto. **No te conformes con lo que debería ser; cree en algo mejor.**

/ /

«Algunos hombres ven las cosas como son y dicen: "¿Por qué?". Yo sueño con cosas que nunca sucedieron y digo: "¿Por qué no?"».

—George Bernard Shaw, citado por Robert F. Kennedy

La mayoría de las personas sueñan metas y objetivos demasiado pequeños. No sueñan en grande. No seas una de esas personas. Si crees en las posibilidades, esfuérzate para soñar cosas más grandes, imagina tu organización más grande y coloca tus objetivos más allá de tu zona de comodidad, eso te obligará a crecer.

/ /

«Que tus planes sean tan fantásticos como quieras, porque en veinticinco años parecerán mediocres. Que tus planes sean diez veces más grandes de lo que planeaste al principio y en veinticinco años te preguntarás por qué no los hiciste cincuenta veces más grandes».

—Henry Curtis

La capacidad de enfocarse durante períodos largos de tiempo puede darle energía y poder a casi cualquier cosa que hagas, ya sea física o mental. Si estás aprendiendo a lanzar en el béisbol y quieres lograr una buena comba, debes enfocarte en tu técnica, no solo lanzar la bola y ya. Si necesitas mejorar el proceso de fabricación de tu producto, enfocar tu pensamiento te ayudará a indagar más para desarrollar el mejor método. Si quieres resolver un problema matemático difícil, necesitarás enfocarte para encontrar la solución. **Cuanto mayor sea el desafío, más tiempo necesitarás enfocar tus pensamientos para vencerlo.**

/ /

«Para lograr cosas difíciles es importante concentrarse durante un tiempo considerable».

—Bertrand Russell

El pensamiento enfocado quita las distracciones y el caos mental para que puedas concentrarte en un asunto y pensar con claridad. Si no sabes cuál es tu objetivo, enfocar tus pensamientos te ayuda a definirlo; y a alcanzarlo.

«El conocimiento es poder solo si un hombre [o mujer] sabe a qué hechos no prestar atención».

—Robert Staughton Lyn

Elimina tus distracciones. Eliminar las distracciones no es algo menor en nuestra cultura actual, pero es de mucha importancia para poder mantener el pensamiento enfocado. Cuando quieras enfocarte, aíslate de las distracciones. Aléjate de tu teléfono y tus correos electrónicos. Mantente fuera del alcance de los demás para poder pensar sin interrupciones. Aparta momentos para pensar. Si lideras a otros la mejor forma de lidiar con esto es dedicarte cien por cien a liderar cuando estás liderando y cien por cien a pensar cuando estás pensando. Sin importar dónde estés ni lo que estés haciendo, ¡concéntrate en el presente!

/ /

«La mente inmadura salta de una cosa a otra;
la mente madura busca terminar lo que empieza».

—Harry Allen Overstreet

Aprovecha el momento en el que piensas con más claridad. ¿En qué momento tu mente funciona mejor? ¿A las cinco de la mañana mientras casi todo el mundo duerme? ¿Una hora o dos después de despertarte? ¿Al final del día antes de la hora de descansar? ¿Tarde por la noche cuando los demás ya se han ido a dormir?

¡Identifica ese momento y cuídalo! No hagas nada más. Guárdalo como tu momento para pensar.

/ /

«Para mantener tu mente alejada de lo que no quieres, debes mantenerla enfocada en lo que sí quieres».

—W. Clement Stone

Identifica tu objetivo. Tu mente no se enfocará hasta que tenga un objetivo claro. El propósito de identificar una meta es enfocar tu atención y darte dirección, no solo definir una solución. Esfuérzate por tener un enfoque creativo constante. **Escribir tu objetivo puede ayudarte, pero concéntrate.**

/ /

«Si no puedes escribir tu idea detrás de mi tarjeta personal, es porque no tienes una idea clara».

—David Belasco

No hagas muchas cosas al mismo tiempo. Debido al ritmo acelerado de nuestra cultura, puede que nos sintamos tentados a hacer muchas cosas a la vez, pero no lo hagas. Cambiar de una tarea a otra puede hacer que pierdas hasta el 40 % de tu eficiencia, porque dificulta tu concentración.

/ /

○

○

○

«Resulta que para tomar el verdadero camino hacia la grandeza se necesita sencillez y diligencia. Se necesita claridad, no iluminación momentánea. Es necesario que cada uno se enfoque en lo que es vital y elimine todas las distracciones externas».

—Jim Collins

Identifica tus prioridades. ¿Dónde deberías enfocar tu tiempo y tu energía? ¿Cuáles son tus fortalezas? ¿Cómo puedes utilizarlas para ti, tu familia, tu profesión y tu prójimo? **Utiliza la regla del 80/20. Dedica el 80% de tu esfuerzo al 20% (más importante) de las prioridades de tu vida. Una cosa es enfocarte en una tarea. Otra cosa es enfocar *tu vida*.**

/ /

Si intentas lograr muchas cosas al mismo tiempo, podrás hacer más cosas si te enfocas en una tarea a la vez y no pasas de una tarea a otra todo el tiempo.

—Investigación realizada por Joshua S. Rubinstein, David E. Meyer y Jeffrey E. Evans

Descubre tus dones. Realiza un perfil de personalidad como el DiSC, el de RightPath, el Eneagrama o el de Myers-Briggs. Haz un inventario como el de StrengthsFinder. Habla con las personas que mejor te conozcan. **¿En qué áreas brillas?**

/ /

«Hacía cada cosa como si no hiciera nada más».

—Charles Dickens en Dombey e hijo.

Construye tu sueño. ¿Qué te da mayor felicidad? Si pudieras cambiar cualquier cosa de tu mundo para hacerlo mejor, ¿qué cambiarías? ¿Qué actividad productiva realizarías incluso aunque nunca te pagaran por ella? Las respuestas a esas preguntas te guiarán a tu sueño. ¡Ve tras él! A medida que envejezcas, que adquieras más experiencia y avances tu sueño debería evolucionar y enfocarse cada vez más.

/ /

Por todo lo que ganas en la vida, también pierdes algo. No puedes hacer todo. No puedes ir a todos lados. No puedes conocer a todos. Eso está bien, y es algo bueno. Cuanto más enfocada esté tu vida, mayor será tu ventaja.

Afrontar realidades difíciles te da credibilidad como líder. El pensamiento realista ayuda a tu equipo a invertir en ti y en tu visión. Los líderes que se sorprenden con cosas inesperadas todo el tiempo, pierden credibilidad con su equipo de forma rápida. Sin embargo, los que examinan las realidades difíciles ganan respeto. **Las realidades difíciles no desaparecen solo porque no las mires**

/ /

«La primera responsabilidad de un líder es definir la realidad».

—Max De Pree

Ver tu vida y tu profesión desde un ángulo realista te ayuda a identificar tu objetivo y a planear una estrategia. Las acciones siempre tienen consecuencias; el pensamiento realista te ayuda a determinar cuáles podrían ser. **Cuando conoces tu objetivo y ves que algo lo amenaza, te vuelves más hábil para identificar lo que es importante.** Eso aclara tu pensamiento y agudiza tu capacidad de tomar decisiones.

/ /

«Si el pensamiento no está relacionado con el propósito, no hay un logro inteligente».

—James Allen

¿Cuál es el peor de los escenarios? Esa es una de las preguntas que necesitas hacerte si quieres enfrentarte a verdades difíciles antes que lo hagan los demás. Lo principal al afrontar una verdad difícil es descubrir, imaginar y examinar los peores escenarios posibles. Tu objetivo no es ser una persona negativa ni *esperar* lo peor, solo estar listo en caso de que suceda. De esa manera, tendrás la mejor oportunidad para obtener resultados positivos, sin importar cuáles sean.

/ /

Si te imaginas el peor escenario y lo examinas bien, habrás experimentado un baldazo de realidad. Ya estás listo para casi cualquier cosa.

HAZ TU TAREA SIEMPRE

Si hablamos de pensamiento realista, debes comenzar todo ese proceso haciendo tu tarea. **Cuando te ocupas de algún problema, primero debes tener la información.**

El realismo aumenta a medida que te acercas.

No importa lo sólido que sea tu pensamiento si se basa en información incorrecta o en suposiciones. **No puedes pensar bien con ausencia de datos o con poca información.**

/ /

«El idealismo aumenta en proporción directa a la distancia de uno con el problema».

—John Galsworthy

Puedes aprender mucho si descubres lo que han hecho otras personas en circunstancias similares. Para resolver los problemas, tu pensamiento no tiene que ser necesariamente original, solo tiene que ser firme. ¡Y funcionar! Aprende lo que puedas de los buenos pensadores, los innovadores y los que han solucionado sus problemas, los que se enfrentaron a situaciones similares en el pasado. ¡De seguro otros ya han tenido tus mejores ideas antes que tú!

/ /

«Cuando abordas un problema, debes deshacerte de las opiniones infundadas y los prejuicios, para reunir la información, conocer los hechos, tomar la decisión que te parezca más honesta y luego mantenerte firme en ella».

—Chester Bowles

Calcula lo que tengas a favor y en contra. Enfrentar verdades difíciles no suele reducirse solo a elegir el proceso que tenga más cosas a favor, porque todo lo que hay a favor o en contra tiene el mismo peso. Lo valioso de este ejercicio es que te ayuda a investigar los hechos, a examinar un asunto desde todos los ángulos y a calcular el costo posible de un procedimiento.

/ /

«Delibera con prudencia, pero actúa con decisión;
cede con amabilidad u oponte con firmeza».

—Charles Hole

Cuando ya has pensado bien en lo peor que puede suceder en una situación y has hecho planes de contingencia para cumplir con el desafío, obtienes mayor confianza y seguridad. Es reconfortante saber que no te va a sorprender cualquier cosa, porque ya lo has pensado bien todo. Puedes minimizar los riesgos desfavorables. Puedes encontrar diferencias entre lo que deseas y la realidad. Puedes alinear tus recursos con tus objetivos.

/ /

«El valor de una idea radica en su uso».

—Thomas Edison

El ritmo de la vida en nuestra cultura no incentiva a nadie a detenerse y reflexionar. El pensamiento reflexivo te permite distanciarte de las emociones intensas que generan las buenas o malas experiencias y verlas de forma más objetiva: las emociones del pasado se pueden ver a la luz de la madurez emocional, las tragedias se pueden examinar a la luz de la verdad y la lógica, y los fracasos se pueden analizar para encontrar soluciones. Reflexionar y aprender puede ayudarte a procesar las emociones y a dejar de arrastrar una carga pesada de emociones negativas.

/ /

«No hay que mirar hacia atrás a menos que sea para aprender lecciones útiles de nuestros errores pasados y con el propósito de beneficiarnos de la experiencia que tanto nos ha costado».

—George Washington

¿Cómo evalúas las decisiones del pasado? Reflexionar y aprender después de que sucedan los hechos puede darte claridad y ayudarte a dispersar la duda. Además, puede darte confianza en las decisiones futuras, porque ya existe ese recorrido que has transitado antes en tu mente. Reflexionar y aprender te da el poder para colocar las ideas y las experiencias en el contexto adecuado. **Si no hay reflexión, puede ser muy difícil ver el panorama completo.**

/ /

«Dudar de todo o creer todo son dos soluciones igual de convenientes; ambas dejan de lado la necesidad de reflexionar».

—Jules Henri Poincaré

La experiencia es valiosa. Ya sea la experiencia laboral o de la vida. Sin embargo, la experiencia sola no le suma valor a tu vida. Lo que tiene valor es el conocimiento que obtienes al reflexionar sobre esa experiencia y aprender de ella. El pensamiento reflexivo convierte la experiencia en conocimiento. Cualquier experiencia se vuelve valiosa cuando nos da información o nos prepara para vivir nuevas cosas.

/ /

«Deberíamos ser cuidadosos para obtener de una experiencia solo la sabiduría que hay en ella y nada más; no seamos como el gato que se sienta sobre la tapa de una estufa caliente. Nunca más se sentará sobre la tapa de una estufa caliente y eso está bien, pero tampoco volverá a sentarse sobre una fría».

—Mark Twain

Encuentra un buen lugar para pensar. Una de las mejores cosas que puedes hacer por ti es encontrar un lugar en el que te sea fácil pensar y reflexionar. El lugar que elijas debe ser fácil de acceso, de lo contrario no vas a utilizarlo. También debe darte tranquilidad y soledad. La distracción y la reflexión no son una buena combinación. Cuando encuentres un lugar para pensar, tus pensamientos encontrarán un lugar en ti.

«La experiencia es una joya y es necesario que así sea, porque muchas veces se adquiere a un precio infinito».

—William Shakespeare

Aparta tiempo para reflexionar. Para la mayoría, la reflexión y la introspección no suceden de forma natural. **Aparta tiempo y vence los desafíos.** Si no lo haces, no vas a poder reflexionar para aprender en la vida y dejarás gran parte de tu potencial sin explotar.

/ /

«La vida sin examinar no merece ser vivida».

—Sócrates

Crea un hábito de reflexión. Lo ideal es que puedas apartar al menos unos minutos todos los días para reflexionar. Pregúntate: ¿Qué aprendí? ¿Cómo y cuándo debería ponerlo en práctica?, ¿Le añadí valor a alguien? ¿Cómo?, ¿Ejercí un buen liderazgo y fui un buen ejemplo? ¿Cómo?, ¿Les expresé mi cariño a las personas importantes de mi vida? ¿Cómo?, ¿A qué cosa descubrí que necesito dedicarle más tiempo de reflexión? ¿Cuándo voy a hacerlo?

/ /

Junta tu calendario con tus listas de cosas por hacer del período anterior y dedícate a revisarlas. Escribe tus sensaciones acerca del año que pasó, momentos familiares importantes, hitos personales, momentos laborales o profesionales importantes, peores momentos, momentos con personas significativas.

Cuando reflexionas sobre todo aquello en lo que has invertido un año de tu vida, puedes aprender de tus logros y de tus errores pero, además, determinas qué quieres repetir, qué quieres evitar y estableces objetivos para el año siguiente. **Al recordar las situaciones del pasado, puedes pensar con más entendimiento.**

/ /

El pensamiento reflexivo es como una olla de cocción lenta de la mente que hierve a fuego lento los pensamientos hasta que están listos.

Deja que la reflexión y el aprendizaje te lleven a la acción. Escribir tus ideas durante el pensamiento reflexivo es algo valioso. Sin embargo, lo que más te ayuda a crecer es poner tus pensamientos en acción. Para hacerlo, debes ser intencional. Cada vez que te detengas a reflexionar y a aprender, hazte estas dos preguntas: ¿Qué puedo aprender? ¿Qué debo hacer?

/ /

Haz que la acción sea lo más específica posible, planéala y llévala a cabo. Si lo haces, tendrás una ventaja sobre casi todas las personas que conoces.

Creatividad es ver lo que todos han visto, pero pensar lo que nadie más ha pensado para poder hacer lo que nadie más ha hecho.

/ /

«La creatividad se expresa especialmente en la capacidad de hacer conexiones, de hacer asociaciones o de cambiar las cosas, para expresarlas de una forma nueva».

—Tim Hansen

Todos los seres humanos nacen creativos. El acto de aprender cuando somos niños es crear conexiones entre las ideas y los objetos. Unas veces el pensamiento creativo es invención; otras es innovación; muchas veces, es conectar cosas que no tienen relación de una forma en que nadie lo haya hecho antes; y, a veces, te permite llevar algo a un nuevo nivel de excelencia. **No creas que no eres una persona creativa. Abre tu mente a la innovación.** Recupera esa chispa de cuando eras niño y, cuando lo hagas, tendrás una ventaja por sobre todas esas personas convencidas de que les falta creatividad.

/ /

«No puedes gastar la creatividad. Cuanto más la usas, más tienes. Muchas veces, la creatividad se reprime en lugar de fomentarse. Debe haber un ambiente en el que se incentive nuevas formas de pensar, de percibir y de cuestionar».

—Maya Angelou

Valora las ideas. Creatividad es tener ideas; muchas ideas. **Tendrás ideas solo si las valoras.**

/ /

«Las personas más creativas se dedican a las ideas. No dependen solo de su talento, sino de su disciplina. Su imaginación es como una segunda piel. Saben cómo utilizarla al máximo».

—Annette Moser-Wellman

Explora las opciones. Si quieres crear conexiones entre ideas, explora las opciones. **Explorar las posibilidades te ayudará a estimular la imaginación.**

/ /

«La imaginación es más importante que el conocimiento».

—Albert Einstein

Abraza la ambigüedad. Las personas creativas resisten a la tentación de acabar con la incertidumbre. Todos vemos incoherencias y discrepancias en la vida. No intentes terminar con ellas. ¡Explóralas!

/ /

- ○
- ○
- ○

«El hombre aburrido siempre está seguro, y el hombre seguro siempre está aburrido».

—H. L. Mencken

Acepta el fracaso. Ser creativo es arriesgado. En virtud de hacer algo nuevo, es probable que fracases. ¡Acéptalo! La diferencia entre las personas promedio y las exitosas es cómo perciben y responden al fracaso. Si quieres ser una persona creativa, es sumamente importante que no le tengas miedo al fracaso.

«Un aspecto esencial de la creatividad es no tener miedo a fracasar».

—Edwin Pond Parker

Lánzate al vacio. Conviértete en una persona fuera de serie. Rompe con lo de siempre. Escápate de tu propia historia y de tus limitaciones personales para experimentar descubrimientos creativos.

/ /

«Si obedeces todas las reglas, te pierdes toda la diversión».

—Katharine Hepburn

Ábrete a nuevos paradigmas. Viaja a nuevos lugares. Explora otras culturas, otros países y otras tradiciones. Descubre cómo viven y piensan las personas diferentes a ti. Lee otras cosas que no sean tus temas o géneros favoritos. Relaciónate con gente fuera de tu profesión, de tu vecindario y de tu partido político. Haz preguntas, muchas preguntas, a ti mismo y a los demás. **Conectar ideas, en gran parte, es cuestión de hacer las preguntas correctas.**

«Si no preguntas: "¿Por qué esto?" lo suficiente, alguien preguntará: "¿Por qué a ti?"».

—Tom Hirschfield

Hazte estas preguntas: ¿Por qué debe hacerse *así*? ¿Cuál es el problema de raíz? ¿Cuáles son las cuestiones de fondo? ¿A qué me recuerda esto? ¿Qué es lo opuesto? ¿Qué metáfora o símbolo ayuda a explicar esto? ¿Por qué es importante?

¿Cuál es la forma *más difícil* o *costosa* de hacerlo? ¿Quién tiene una perspectiva distinta sobre esto? ¿Qué sucede si *no* hacemos absolutamente nada? **Ser una persona creativa es desafiar los procesos.**

«Existe una correlación entre la creatividad y la locura. Así que debemos sufrir la locura con alegría».

—Kingman Brewster Jr.

Crea un refugio seguro para las ideas y la innovación. La creatividad es contagiosa. ¿Alguna vez has notado lo que sucede durante una buena sesión en la que se piensan ideas? Alguien expresa una; otro la utiliza como trampolín para descubrir una distinta; alguien más la lleva en otra dirección incluso mejor; luego, alguien la aprovecha y la lleva a un nivel completamente nuevo. La interacción de las ideas puede ser apasionante.

/ /

«Los estudios sobre la creatividad sugieren que el factor más importante para determinar si los empleados serán o no creativos es que sientan que tienen permiso para serlo».

—David Hills

Los ambientes negativos son responsables de la muerte de miles de grandes ideas por minuto.

Donde tengas influencia, crea un ambiente acogedor para el pensamiento creativo. Esos lugares son invernaderos donde las ideas pueden plantarse, germinar y florecer.

Cuanto más abierto sea tu ambiente, mayor será el potencial para el pensamiento creativo.

/ /

«Una idea nueva es delicada. Una mueca o un bostezo pueden matarla; una broma puede apuñalarla y el ceño fruncido del hombre indicado puede matarla de preocupación».

—Ovidio

Un equipo que trabaja unido y comparte ideas piensa mejor, aprende más rápido y funciona de forma más creativa, y genera mayor rendimiento. Cuando los equipos comparten sus pensamientos generan un efecto acumulado.

Una gran idea pocas veces nace de una buena idea. Por lo general, surge de varias buenas ideas. Cuando tres, cuatro o cinco buenas ideas se juntan gracias a la sinergia de un equipo, siempre tienes el potencial para una gran idea.

/ /

«Aceptar buenos consejos no es más que aumentar la capacidad propia de uno mismo».

—Johann Wolfgang von Goethe

Vence las barreras para compartir ideas. Es necesario ser una persona segura para abrirse a las ideas de los demás. Si no valoras a los demás y sus ideas, necesitas **cambiar tu perspectiva.** No podrás valorar las ideas de las personas si primero no los valoras y respetas a ellos.

¿Valoras la colaboración? Si no lo haces, **necesitas cambiar tu mentalidad.** Debes abrirte al *concepto* de compartir ideas antes de involucrarte en el *proceso* de compartir y escuchar ideas.

«Quien se ha instruido a sí mismo solo tiene a un tonto de maestro».

—Ben Jonson

Reúne en la mesa a las personas correctas. Todos tus invitados deberían traer algo a la mesa: El deseo de interactuar con otros de manera positiva; la capacidad de sumar valor a las ideas de otros; la madurez para guardar silencio cuando sea necesario; la resiliencia para lidiar con cambios rápidos en la conversación; y la valoración de las fortalezas de los demás cuando son débiles.

/ /

«Estoy convencido de que la palabra "relaciones" es la clave para que haya un mundo decente. Parece bien claro que todos los problemas que puedas tener (en tu familia, tu trabajo, tu país o este mundo), en esencia, son una cuestión de relaciones y de interdependencia».

—Clarence Francis

Valora la cooperación más que la competición.

Si eres líder, es probable que seas una persona competitiva. Te gusta ganar. Eso no tiene nada de malo, siempre y cuando tu deseo sea guiar a tu equipo a la victoria, no triunfar por tu cuenta.

Cambia tu forma de pensar, que no sea *competir*, sino *terminar*. Cuando compartas ideas, enfócate en ayudar al equipo, no en avanzar de forma personal. Reúne a las personas para compartir sus pensamientos y asegúrate de que siempre gane la mejor idea. **Eso alienta a todos a compartir sus ideas y ayuda al equipo a ganar.**

«Mantente siempre atento a buscar ideas. No seas selectivo con respecto a la fuente. Obtén ideas de clientes, de niños, de competidores, de otras industrias o de taxistas. No importa quién tuvo una idea».

—Jeffrey J. Fox

La estrategia es el puente que une el lugar en el que estás con el lugar en el que quieres estar. Te da dirección y credibilidad en el presente, además de aumentar tu potencial para el éxito de mañana. Es como ensillar y poner riendas a tus sueños antes de montarte en ellos. **¡Todo se vuelve más simple cuando se tiene un plan!**

/ /

«Si estás preparado, ya tienes la mitad de la victoria».

—Miguel de Cervantes

Identifica el asunto o problema verdadero y los objetivos. El primer paso para crear una estrategia siempre es identificar el problema.

Muchos solo saltan hacia las soluciones y, como resultado, terminan resolviendo el problema equivocado. Para exponer el verdadero asunto, haz preguntas de investigación que te ayuden:

/ /

Identifica tu situación actual. Recolecta información y sigue haciéndolo incluso después de que creas haber identificado el problema.

Cuestiona tus suposiciones. Deja de lado cualquier motivación personal que pueda nublar tu juicio. Posterga las conclusiones definitivas.

Descubrir tu verdadera situación y tus objetivos es una parte importante de la batalla. **Cuando identificas los problemas verdaderos, las soluciones suelen ser más simples.**

/ /

«La estrategia primero es tratar de entender dónde estás ubicado en el mundo de hoy. No dónde desearías o te gustaría estar, sino dónde estás. Luego, intenta entender dónde quisieras estar en cinco años. Por último, evalúa las verdaderas posibilidades de llegar hasta allí desde este lugar».

—Jack Welch

Divide el problema o el desafío en partes más pequeñas. El primer paso del pensamiento estratégico es dividir un asunto en partes más pequeñas y manipulables para poder concentrarse en ellas con más eficiencia. No es tan importante la forma, solo hazlo.

«Metro a metro, la vida es difícil; pero centímetro a centímetro es pan comido».

—Robert Schuller

Busca el porqué antes de definir el cómo. Antes de definir tu estrategia, añade otra capa a tu proceso de descubrimiento y pregunta por qué se ha generado esa situación o problema.

El hecho de preguntar por qué te ayuda a cavar más hondo en las causas de raíz. También te ayuda a abrir la mente a las posibilidades y a las oportunidades.

/ /

«Nada en particular es difícil si lo divides en pequeñas tareas».

—Henry Ford

Elabora un plan estratégico. Una buena estrategia es precisa. El pensamiento descuidado o genérico es tu enemigo. Intenta unir tu estrategia de forma específica con el problema o la situación. La estrategia nunca es una solución única que sirve para todo. La forma en que abordas el proceso de planificación depende de tu profesión y del tipo de desafío que enfrentas. Sin embargo, debes utilizar todo lo que esté a tu alcance: información, investigación, datos e historia. **Reúne en tu equipo a los mejores pensadores, a los más creativos y a los que estén más cerca del problema.**

/ /

«Miles de ingenieros pueden diseñar puentes, calcular las tensiones, deformaciones y redactar las especificaciones de las máquinas, pero el mejor ingeniero es el que puede decir si el puente o la máquina debería construirse, dónde debería construirse y cuándo».

—Eugene G. Grace

Comienza por lo obvio. Eso fomenta la unidad y genera consenso. Utilízalo para generar impulso, encender la creatividad y abordar lo más complejo. Asegúrate de tener en cuenta cualquier recurso que tengas. ¿Cuánto tiempo tienes? ¿Cuánto dinero? ¿Qué tipo de materiales, suministros o inventario? ¿Cuáles son tus otras herramientas? ¿Qué responsabilidades u obligaciones intervienen? ¿Qué personas del equipo pueden hacer un impacto? **Pon en juego todo lo que puedas.**

/ /

«Los generales exitosos hacen planes que se ajusten a las circunstancias, pero no intentan crear circunstancias que se ajusten a los planes».

—George S. Patton

Coloca a las personas adecuadas en los lugares correctos. Ni la m<ejor estrategia va a poder ayudarte si no tomas en cuenta a las personas que deben implementarla. Persona equivocada: problemas en lugar de potencial. Lugar equivocado: frustración en lugar de satisfacción. Plan equivocado: dolor en lugar de crecimiento. Todo se ajusta cuando reúnes estos tres elementos: la persona, el lugar y el plan correctos.

Luego, prepárate para hacerlo todo otra vez.

Quien tiene el plan es quien tiene el poder. Los empleados quieren seguir al jefe que tenga un buen plan de negocios, los voluntarios quieren unirse al líder que tenga un buen plan estratégico y los niños se sienten seguros con el padre que tiene un plan para la familia. Si planeas una estrategia antes de avanzar, los demás te escucharán y querrán seguirte.

/ /

«La voluntad de ganar es inútil si no tienes la voluntad de prepararte».

—Thane Yost

Pocas cosas en la vida son tan gratificantes para una persona como ayudar a otros. Cuando te preocupas por el bienestar de los demás y dedicas tu día a servir a las personas dejando de lado tu egoísmo, puedes acostarte por la noche sin remordimientos y dormir plácidamente.

Cuando dejas de mirarte a ti y contribuyes con los demás es cuando comienzas a vivir de verdad.

/ /

«No hay ocupación más noble en el mundo que ayudar a otro ser humano y apoyar a alguien para que tenga éxito».

—Alan Loy McGinnis

Si cultivas un espíritu de generosidad, crecerá tu gratitud para con la vida y entenderás mejor lo más valioso que hay en ella. No hay vida más vacía que la que se centra en sí misma. No hay vida más centrada que la que se vacía de sí misma. Si quieres mejorar tu mundo, debes poner tu atención en ayudar a otros.

/ /

«No podemos sostener una antorcha para alumbrarle el camino a otros sin iluminar el nuestro».

—Ben Sweetland

Dejar de lado el egoísmo para tener en cuenta el bienestar de otros te ayudará a cultivar todas las demás virtudes de la vida. Si aprendemos a pensar sin ser egoístas y nos volvemos personas generosas, crecerá el amor, la gratitud, el respeto, la paciencia y la disciplina. **¡El acto de añadir valor a los demás será lo que te añada valor a ti!**

/ /

«Puedes tener todo lo que quieras en la vida, si simplemente ayudas a otros a obtener lo que quieren».

—Zig Ziglar

Asume la responsabilidad de añadir valor a los demás en su desarrollo personal. Comienza con tus personas más cercanas. En cada relación, piensa una forma de invertir en la otra persona.

Vive de tal manera que generes situaciones a diario en las que todos ganen. ¿Por qué? Cuando los demás ganan, pero tú pierdes, ellos ganan una sola vez. Cuando tú ganas, pero los demás pierden, tú ganas una sola vez. Cuando los demás y tú pierden, nadie gana. Cuando los demás y tú ganan, todos ganan muchas veces. En las mejores relaciones todos ganan.

/ /

«Ha alcanzado el éxito quien ha vivido bien, ha reído y ha amado mucho; quien se ha ganado el respeto de hombres inteligentes y el cariño de niños pequeños; quien ha cumplido con su propósito y ha completado su tarea; quien ha dejado al mundo mejor de lo que era, ya sea con una amapola, un poema perfecto o un alma rescatada; quien nunca ha dejado de valorar la belleza de la tierra ni de expresarlo; quien siempre ha buscado lo mejor en los demás y les ha dado lo mejor que tenía; aquel cuya vida fue una inspiración y cuya memoria, una bendición».

—Bessie Anderson Stanley

Lo más difícil para la mayoría es luchar contra su tendencia natural a ponerse en el primer lugar.

Si quieres ser una persona menos egoísta en tus pensamientos, necesitas dejar de pensar en lo que quieres y comenzar a enfocarte en las necesidades de los demás.

/ /

«Lo que parece ser generosidad muchas veces no es más que ambición disfrazada, que pasa por alto un interés pequeño para asegurarse un interés mayor».

—François de La Rochefoucauld

Todos los días, Benjamin Franklin se hacía dos preguntas. Cuando se levantaba por la mañana, se preguntaba: «¿Qué cosas buenas voy a hacer hoy?». Y antes de acostarse, se preguntaba: «¿Qué cosas buenas he hecho hoy?». Pregúntate y respóndete a eso de forma desinteresada y honesta, así podrás concentrarte mejor en el bienestar de los demás.

/ /

«Las personas con humildad no se consideran menos a sí mismas; solo piensan menos en ellas mismas».

—Ken Blanchard y Norman Vincent Peale

¡La vida no gira en torno a ti! Concéntrate en ayudar a personas de las que no puedas recibir nada a cambio. Si puedes, ayúdalas sin recibir ningún reconocimiento. Puedes recibir beneficios espirituales, mentales y emocionales por alentar el bienestar de otros desde el anonimato. **Colócate en un lugar desde el que puedas ver las necesidades de las personas y hacer algo por ellas.**

/ /

«Avergüénzate de morir antes de haber conseguido alguna victoria para la humanidad».

—Horace Mann

Si logras tener éxito, puedes dejar una herencia *para* los demás. Sin embargo, cuando piensas en el bienestar de los demás, puedes crear un legado *en* los demás.

/ /

«Dale a todo el que pida. Creo firmemente que nuestro propósito en la vida es intentar hacer una diferencia en la vida de quienes nos rodean... Yo le doy algo (sin importar por pequeño que sea) a todo el que me pide... Es divertido, en especial si no lo haces por obligación. Créeme, eso cambiará la forma en que piensas en ti y en tu dinero».

—Tod Barnhart

Sé un buen pensador pero no lo compliques demasiado. Es una disciplina y se puede cultivar y perfeccionar. Por lo tanto, como sucede con la mayoría de las disciplinas, se puede cultivar y perfeccionar. Para que pueda ser una parte de tu vida fuerte y habitual...

/ /

«Las tres etapas de la vida son: aprender, ganar y retribuir. El primer tercio debe dedicarse a la educación; el segundo, a construir una profesión y a ganarse la vida; y el tercero, a devolver a los demás y retribuir las cosas con gratitud. Cada etapa parece una preparación para la siguiente».

—Jack Balousek

Encuentra un lugar para pensar. Elige un lugar especial para pensar. Si vas a ese lugar con la expectativa de pensar buenas ideas, en algún momento se te ocurrirán. Haz esto con frecuencia y lograrás que se vuelva un hábito.

/ /

«Lo que importa no es el estilo de vestimenta que uno utilice, tampoco el automóvil que conduzca ni la cantidad de dinero que tenga en el banco. Eso no significa nada. Tan solo es el servicio lo que mide el éxito».

—George Washington Carver

Encuentra un lugar para moldear tus pensamientos. Pocas veces las ideas surgen completamente formadas y resueltas. La mayoría de las veces, necesitas moldearlas hasta que adquieran forma. Somete tus ideas a un examen riguroso. Haz preguntas sobre ellas, ajústalas y escríbelas. A medida que vas moldeando tus ideas y las escribes, descubres si en realidad tiene potencial o no.

/ /

«Aprender a escribir es aprender a pensar. No sabes nada con claridad a menos que puedas manifestarlo por escrito».

Encuentra un lugar para extender tus pensamientos. Todo pensamiento tiene el potencial para convertirse en algo grande. El objetivo de encontrar un lugar para extender tus pensamientos es que puedas hallar ese potencial. Para hacer esto, necesitas contar con otras personas. El **pensamiento** correcto + la **persona** correcta en el **ambiente** correcto en el **momento** correcto por el **motivo** correcto = el **resultado** correcto.

/ /

Encontrar un lugar para extender tus pensamientos te da la oportunidad de llevar esa idea tan lejos como sea posible.

Encuentra un lugar para hacer volar tus pensamientos. Cualquier idea que permanezca como idea no genera un gran impacto. En realidad, el verdadero poder de las ideas surge cuando pasan de lo abstracto a la acción.

Si puedes cultivar la disciplina del buen pensamiento y volverla un hábito de por vida, entonces serás una persona productiva toda tu vida.

/ /

«Piensa como un hombre de acción, actúa como un hombre de pensamiento».

—Henri-Louis Bergson

Encuentra un lugar donde puedas convertir tus pensamientos en acciones. Deja que la creatividad fluya sin restricciones y que cada idea se transforma en una realidad tangible. Los sueños se materializan y las metas se alcanzan con determinación y esfuerzo.

Aprovecha cada momento en este lugar especial para construir el futuro que siempre has imaginado.

/ /

«La creatividad requiere valentía».

—Henry Matisse

Penguin
Random House
Grupo Editorial

Título original: *The Thinker's Edge:*
11 Practices for Getting Ahead in Business and Life

Primera edición: noviembre de 2025
Esta edición es publicada bajo acuerdo con
Hachette Book Group, Inc., USA

Publicado por ORIGEN®, marca registrada de
Penguin Random House Grupo Editorial USA, LLC

Impreso en Colombia / *Printed in Colombia*

ISBN: 979-8-89098-381-7

25 26 27 28 29 10 9 8 7 6 5 4 3 2 1